DÉPARTEMENT DES BOUCHES-DU-RHONE.

TRIBUNAL DE POLICE CORRECTIONNELLE D'AIX

NOTE

A L'APPUI DE LA DEMANDE

FORMÉE PAR

Jean-Jacques PRAT,

électeur de la commune d'Istres,

CONTRE

les membres du bureau électoral des 3 et 4 août 1867
dans la dite commune, prévenus de contravention à l'article 35
du décret organique du 2 février 1852,

avec 6 pièces justificatives.

1868

DÉPARTEMENT DES BOUCHES-DU-RHONE.

TRIBUNAL DE POLICE CORRECTIONNELLE D'AIX

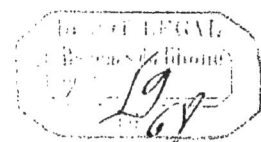

NOTE

A L'APPUI DE LA DEMANDE

FORMÉE PAR

Jean-Jacques PRAT,

électeur de la commune d'Istres,

CONTRE

les membres du bureau électoral des 3 et 4 août 1867
dans la dite commune, prévenus de contravention à l'article 35
du décret organique du 2 février 1852,

avec 6 pièces justificatives.

1868

Marseille. — Typ. Vᵉ Marius OLIVE, rue Paradis, 68.

NOTE

A L'APPUI DE LA DEMANDE

FORMÉE PAR

Jean-Jacques PRAT,

électeur de la commune d'Istres,

CONTRE

les membres du bureau électoral des 3 et 4 août 1867
dans la dite commune, prévenus de contravention à l'article 35
du décret organique du 2 février 1852,

avec 6 pièces justificatives.

On me fait dire de tous côtés, et par les bouches les plus autorisées, que j'ai entrepris une lutte folle, et que je ne pourrai pas obtenir justice.

J'en veux faire l'essai.

Je me suis engagé à la dernière heure. La pièce justificative n° 1 montre mes hésitations, et indique suffisamment les sollicitations qui en ont triomphé. Je crois d'ailleurs devoir taire les noms de ceux qui offraient de marcher avec moi dans une voie dont je n'ai pas voulu leur laisser partager les périls. Voir leur réponse (*Pièce justificative n° 2*), d'après laquelle j'ai dû adresser à M. le Procureur Impérial la lettre du 27 octobre, qui est ma pièce justificative n° 3. Ce magistrat n'ayant pas cru devoir engager l'action du ministère public, j'ai été obligé d'y suppléer par la citation du 2 novembre (*Pièce n° 4*).

L'action civile ayant ainsi été introduite à défaut de l'action publique, le Tribunal m'a mis en demeure, le 3 décembre, d'obtenir d'abord, devant le Conseil d'État, l'autorisation de poursuivre le Maire, M. Tournon. J'ai fait le nécessaire à cet égard, ainsi qu'il conste de la pièce justificative n° 5.

Aujourd'hui, on me fait dire ceci :

« M. Prat accuse les membres du bureau d'avoir émargé « à tort des électeurs qui n'ont pas voté. Il est de bonne « foi, mais il se trompe. La liste des émargements qu'il a vue « au greffe du Conseil de Préfecture est une ancienne liste « qui n'a aucun rapport avec l'élection des 3 et 4 août 1867. »

Répondant sur ce premier point, je déclare être bien sûr de ne pas me tromper. Je me suis présenté, le 20 août 1867, au greffe du Conseil de Préfecture pour prendre connaissance du dossier relatif à la protestation que je devais soutenir, le 24 du même mois, devant ce tribunal administratif. A bon droit ou à tort, sciemment ou par erreur, on m'a communiqué un dossier complet dans lequel j'ai trouvé, en outre de notre protestation, une lettre de M. le Sous-Préfet d'Aix, à la date du 9 août, envoyant les procès-verbaux et les listes d'émargement, sauf la liste de la commune de Fos que M. le Sous-Préfet se plaignait de ne pas avoir encore reçue. Cette lettre exprimait le désir que le Conseil de Préfecture pût statuer sur notre protestation dans un bref délai, et avant la réunion du Conseil général. Je cite ce détail pour montrer que j'ai bien tout vu.

Alors même qu'une ancienne liste d'émargement aurait trouvé place dans ce dossier de si récente formation, ce qui eût été vraiment extraordinaire, comment aurais-je pu m'y tromper?

La liste que j'ai vue, et sur laquelle les émargements des 3 et 4 août 1867 étaient inscrits, est terminée par les lignes que voici :

« *La présente liste électorale de la commune d'Istres con-*
« *tenant mille soixante-dix-sept électeurs, le n° 51 étant*
« *nul, et les n° 645, 695 étant bissés, dont mille cinquante-*
« *six civils et vingt-un militaires, a été close et arrêtée par*
« *nous, Maire d'Istres, le 31 mars 1867.*

« Le Maire d'Istres
« J. Tournon. »

Or :

1° Il n'y a pas d'autre élection que celle des 3 et 4 août 1867, dans la commune d'Istres, qui ait été postérieure au 31 mars 1867, ou qui ait été présidée par notre nouveau Maire, M. Tournon ;

2° Jamais aucune liste électorale n'avait atteint, à Istres, le chiffre de 1077 électeurs inscrits ;

3° Jamais surtout aucun bureau électoral, dans notre commune, n'avait émargé 1001 noms, et j'ai bien compté

1001 émargements sur la liste qui m'était si loyalement
communiquée. Le chiffre de 900 votes constatés n'avait
pas encore été dépassé, et j'ai eu souvent occasion de démontrer qu'il n'aurait jamais dû être atteint ;

4° Les dix électeurs dont les noms suivent :

Biscar, douanier,	N° 195	de la liste ;
Bonnefoy Michel, géomètre,	N° 213	id.
Bourrelly Etienne, berger,	N° 233	id.
Cournand Trophime,	N° 361	id.
Domanget Hippolyte,	N° 395	id.
Gros Auguste,	N° 604	id.
Maurin Etienne,	N° 772	id.
Ravel Dominique,	N° 896	id.
Reynaud Joseph, casseur de pierres,	N° 907	id.
Torrel Joseph de François,	N° 1031	id.

sont inscrits comme décédés sur la liste d'émargement
qui m'a été montrée le 20 août. Ces 10 électeurs étaient en
effet décédés lors de l'élection des 3 et 4 août. Pour toute
élection antérieure, ils étaient vivants.

Je crois avoir établi que je n'ai pas pris une vieille liste
pour la liste de 1867.

On insinue encore que je puis avoir mal pris mes notes,
car on me fait l'honneur de me croire sincère dans des affir-
mations *qui doivent me coûter bien cher, si je ne les retire
pas.*

Non, il n'est pas possible que j'aie mal pris mes notes.
Avec un dossier aussi complet mis à ma disposition, sur un

terrain que j'étudie depuis tant d'années, je n'ai pas pu me tromper.

Le jour des débats venu, et la liste des émargements sous les yeux, le Tribunal reconnaîtra l'exactitude de mes indications relatives aux électeurs indûment émargés. C'est mon tour de faire à mes adversaires l'honneur de n'avoir sur ce point aucun doute. Et cependant depuis combien de temps les bruits les plus étranges ne viennent-ils pas jusqu'à moi !...

Le 3 décembre, dans l'enceinte même du Tribunal, un électeur, partisan déclaré du Maire, disait avec animation à un autre citoyen d'Istres : « Eh bien ! nous ver- « rons si Bedoc Alphonse est émargé, si Rhodez est «émargé ! »

Tant que j'ai pu laisser de côté ces rumeurs locales qui ne m'ont pas été épargnées à Istres, avant ou après l'audience du 3 décembre, je l'ai fait. Aujourd'hui encore, alors qu'elles empruntent l'autorité de communications sérieuses, et que je retrouve dans ces communications précisément les noms de MM. Bedoc et Rhodez, je ne saurais me décider à y ajouter foi. Je ne saurais admettre que MM. Bedoc Alphonse, n° 143 de la liste ; et Rhodez Désiré, n° 943 de la liste ; qui étaient l'un et l'autre émargés le 20 août, puissent ne plus l'être le jour où la liste sera soumise à l'examen du Tribunal. Non, cela n'est pas possible ; et ce qui n'est pas possible pour ces deux électeurs ne l'est pas davantage pour aucun de ceux que j'ai cités dans ma lettre du 27 octobre à M. le Procureur Impérial (*Pièce n° 3*), non plus que pour aucun de ceux dont j'ai dit les noms au Conseil de Préfecture le 24 août 1867, ou que j'aurai à signaler dans la suite de ce procès.

J'ai, depuis le 24 août, à ma disposition une liste de 104 émargements frauduleux. Quand mes amis et moi reprendrons ce travail, fait à la hâte et en 48 heures, du 21 au 23 août, nous arriverons certainement à composer une liste de 150, et peut-être de 200 noms. Nous avons 223 bulletins à retrouver, c'est-à-dire la différence entre les 778 votants que nous avons comptés, et les 1001 émargements contre lesquels nous protestons.

Me demandera-t-on comment je suis, à ce point, sûr de ce que j'avance, et si j'ai songé, le 20 août, à constater directement l'émargement de MM. Bedoc et Rhodez ? Non, je ne l'ai pas fait. Je n'ai pas cru devoir prendre la peine de copier les numéros et les noms des 1001 électeurs émargés. J'ai trouvé plus facile, et tout aussi concluant, de m'assurer de la parfaite similitude existant entre la liste électorale dont j'avais sur moi une copie prise à la Mairie d'Istres un mois auparavant, et la liste d'émargement qui m'était communiquée. Ceci est une preuve de plus que je n'ai pas pris, comme liste de 1867, une liste antérieure. J'ai ensuite copié les numéros et les noms de 10 électeurs décédés, les numéros et les noms de 66 électeurs non émargés ; j'ai compté les émargements au nombre de 1001, pris quelques notes, et me suis retiré très satisfait des renseignements que je m'étais procurés ce jour-là au greffe du Conseil de Préfecture.

MM. Bedoc Alphonse et Rhodez Désiré sont au nombre des 1077 électeurs inscrits, tant sur la liste d'émargement qui m'a été montrée, que sur la copie avec laquelle je l'ai comparée. Ils n'appartiennent d'ailleurs, ni à la catégorie des 10 électeurs décédés, ni à celle des 66 électeurs non émargés. Il faut donc bien qu'ils fassent partie de la troisième catégorie, celle des 1001 électeurs émargés.

C'est ainsi que, par différence, j'ai obtenu la liste de ces 1001 émargements.

Le 24 août 1867, devant le Conseil de Préfecture, j'avais dans mon dossier une liste de 104 émargements frauduleux, composée de :

53 noms appartenant à des électeurs présents dans la commune les 3 et 4 août, et n'ayant pas voulu voter ;

51 noms appartenant à des électeurs absents, et n'ayant pas pu voter.

104 en tout.

J'ai lu au Conseil ces 51 derniers noms, et notamment ceux de MM. Bedoc Alphonse et Rhodez Désiré, indiqués en ces termes sur la liste dont s'agit :

N° 143. Bedoc Alphonse : était à l'hospice de Montpellier.

N° 943. Rhodez Désiré : employé des douanes, aux eaux de Gréoulx.

Il était bien entendu que je lisais les noms d'électeurs indûment émargés. M. le Commissaire du Gouvernement, Baron de Bellissen, m'avait prié de lire lentement pour qu'il pût suivre en recherchant les noms, à mesure que je les prononçais, sur la feuille des émargements dépliée sur son

2

bureau. Je lisais très lentement. M. de Bellissen n'est pas suspect de partialité en ma faveur. Il n'a été pour moi, ce jour-là, ni bienveillant, ni modéré, ni seulement poli. Il n'aurait pas manqué de m'interrompre, et de signaler au Conseil tout électeur, par exemple M. Bedoc ou M. Rhodez, que j'aurais indiqué à tort comme étant émargé. Il n'a pas pu faire cela, et il a dû se borner à protester quand j'indiquais que tel ou tel électeur, indûment émargé, aurait voté dans tel ou tel sens, s'il avait voté. J'ai précisément fait une observation de ce genre, tant pour M. Bedoc que pour M. Rhodez, dont les noms ont été ainsi signalés d'une façon toute particulière à l'attention de M. le Commissaire du Gouvernement. Je ferai, s'il le faut, citer comme témoin M. le Baron de Bellissen. Je pourrai ajouter à son témoignage celui de plusieurs membres du barreau de Marseille, et de plusieurs personnes notables qui assistaient à la séance du 24 août 1867.

Les craintes qu'on veut m'inspirer à cet égard sont chimériques. Comment une liste que j'ai vue à la Préfecture le 20 août aurait-elle pu être, depuis lors, détruite et remplacée? Ou bien comment certains émargements, plus difficiles que d'autres à expliquer, pourraient-ils avoir disparu sous le grattoir, ou par suite d'un lavage décolorant, et avoir ensuite été remplacés? Car il aurait fallu les remplacer pour faire toujours honneur à ce chiffre accablant de 1004 émargements. Que ce soit possible matériellement, chimiquement, je le veux bien. Que cela ait été fait ou essayé, je ne le croirai jamais. Ce serait monstrueux, et ce serait inutile.

Il y a trois chiffres qu'on ne saurait modifier :

Celui des inscrits...........	1077
Celui des décédés..........	10
Celui des émargements......	1004

Ce dernier étant à prendre sur 1067 électeurs inscrits et vivants.

Si quelques-uns de mes témoins, choisis parmi les 1004 du 20 août, se trouvaient ne plus être émargés sur la liste qui sera soumise au Tribunal, je réclamerais l'autorisation de jeter un coup d'œil sur cette liste; j'irais droit aux 66 numéros qui n'étaient pas émargés le 20 août, et qui appartiennent à des électeurs n'ayant pas voté; et je retrouverais dans cette catégorie des 66 tout juste le nombre des témoins perdus dans la catégorie des 1004.

Voir la pièce justificative n° 6 par laquelle j'essaye de matérialiser ma pensée pour la rendre plus saisissante. Ce tableau faciliterait des vérifications auxquelles j'espère bien qu'il n'y aura pas lieu de procéder.

Plusieurs électeurs, à Istres, me reprochent d'avoir accepté la discussion devant le Conseil de Préfecture le 24 août, et de m'être adressé à M. le Procureur Impérial le 17 octobre.

Il est vrai que, si je n'avais pas lu publiquement à Marseille ma liste des émargements frauduleux; et si, d'autre part, j'avais débuté à Aix par la citation du 2 novembre (*Pièce justificative n° 4*), sans la faire précéder de ma plainte au Procureur Impérial (*Pièce n° 3*); j'aurais évité de pénibles préoccupations à ceux de mes amis qui craignent que nos adversaires ne se disposent à contester devant le Tribunal l'émargement des électeurs dont le vote serait absolument impossible à justifier; par exemple, l'émargement des militaires sous les drapeaux, et celui des bergers alors dans les Alpes. La liste de mes témoins aurait été connue seulement quelques jours d'avance. Ce qui est impossible moralement, aurait été impossible matériellement.

Cela est vrai.

Mais ne pas paraître devant le Conseil de Préfecture eût été de ma part un procédé bien vif. Ne rien dire au Ministère public, et ne rien tenter pour m'assurer le bénéfice d'une action commune avec lui, n'eût pas été non plus bien convenable ni bien habile.

J'ai dû agir comme j'ai agi. L'accueil que j'ai reçu de M. le Procureur Impérial a été marqué au coin de la plus parfaite urbanité et de la courtoisie la plus exquise. Je me console d'un refus exprimé en si bons termes ; et, si j'avais commis une faute, elle serait du moins facile à réparer.

J'ai déjà dit que la deuxième catégorie (*Pièce n° 6*) me rendrait autant d'émargements frauduleux qu'on m'en contesterait à la troisième. J'ajoute que j'aurais toujours la ressource de démontrer directement la fraude, en établissant l'impossibilité du chiffre de 1004 émargements.

La lutte électorale des 3 et 4 août 1867 a été vive dans les communes de Saint-Chamas, de Saint-Mitre et de Fos, où j'ai reconnu hautement, devant la juridiction administrative, n'avoir à reprocher aucune fraude matérielle, mais seulement des actes nombreux de violence et d'intimidation qui

nous ont valu, dans ces trois communes réunies, une mino-
rité de quatre voix.

Or, voici pour les quatre communes du canton d'Istres,
les chiffres officiels des inscriptions, des émargements, et,
partant, des abstentions :

COMMUNES.	Électeurs inscrits.	Électeurs émargés.	Abstentions.
Istres.........	1077	1001	76 (1)
Saint-Chamas..	817	589	228
Saint-Mitre....	344	201	143
Fos..........	286	213	73 (2)

(1) Dont 10 décédés, reste 66.
(2) Plus 6 votants admis à tort par le Maire, et retranchés par le Conseil
de Préfecture le 24 août 1867, total 79.

Je demande à quiconque voudra bien donner un coup
d'œil au tableau qui précède s'il est possible d'admettre que
66 électeurs seulement, sur 1077, se soient abstenus de voter
dans la commune d'Istres, alors que 143 sur 344 se sont
abstenus à Saint-Mitre, 228 sur 817 à Saint-Chamas, 79
sur 286 à Fos?

Au lieu de 66 abstentions, on en trouve, à Istres, 447 en
appliquant la proportion de Saint-Mitre ; 300 en appliquant
celle de Saint-Chamas ; 297 en appliquant celle de Fos.

Je crois que, sur ce terrain qui est celui de l'évidence et
du sens commun, j'aurais bientôt raison de ce chiffre fantas-
tique de 1001 émargements dont mes adversaires n'ont pas

tardé à regretter l'exagération, et qui est le produit de deux causes :

D'une part nos amis avaient répugné à voter le premier jour, et à confier leurs bulletins aux hasards de la nuit du 3 au 4 ; ils sont venus en foule le 4. Le bureau s'est défendu tant bien que mal contre ce flot de votants qui dépassait ses prévisions, notamment en fermant le scrutin avant l'heure, ce qui est un des griefs de notre protestation administrative.

D'un autre côté, le fil télégraphique qui relie la Mairie de Saint-Chamas à celle d'Istres aurait apporté à chaque instant des nouvelles alarmantes, on aurait cru le mal plus grand encore qu'il n'était, et on aurait trop fait pour le réparer.

Il me serait facile d'emprunter à la statistique des arguments auxquels ce chiffre de 1004 ne résisterait pas mieux.

J'ai sous les yeux un almanach Didot-Bottin qui, malheureusement, remonte à l'année 1862. J'interroge aussi le Sénatus-Consulte, beaucoup plus récent, du 27 mai 1867.

Je vois que la population, en France, fournit 25 à 26 électeurs pour 100 habitants.

Appliquant cette proportion à la population de la commune d'Istres dont on me donne le chiffre officiel : 3776 habitants pour 1867, je trouve qu'il n'y avait *réellement* à Istres, en 1867, que 978 électeurs, et je demande comment ils ont pu donner lieu à 1004 émargements.

Les manœuvres dont je poursuis la répression ont pris cette fois des proportions telles, qu'il n'est au pouvoir de personne de m'empêcher d'en faire la preuve.

Cette preuve, je la ferai.

J'obtiendrai justice.

La fraude électorale aura été pratiquée à Istres pour la dernière fois. Des élections sincères remettront successivement chaque chose à sa place. L'ordre, si profondément troublé depuis quelques années dans notre commune, y sera rétabli par le jeu régulier de nos institutions, et par la pratique loyale du suffrage universel.

J. J. PRAT.

Istres le 3 Février 1868.

PIÈCES JUSTIFICATIVES.

N° 1.

Rassuen le 14 octobre 1867.

A Messieurs . . . .
. . . .

Je viens, Messieurs et amis, vous remercier de vos deux visites des 22 septembre dernier et 13 octobre courant, ainsi que de votre lettre datée du 14, mais que vous m'avez remise hier soir, et répondre à vos questions.

Cette lettre doit être signée, m'avez-vous dit, par plusieurs électeurs en même temps que par vous. Elle m'invite à déférer aux tribunaux correctionnels l'appréciation des actes scandaleux qu'elle rappelle, et cela pour assurer votre sécurité et la mienne dans un avenir prochain.

Si tel est le seul motif qui vous fait désirer ces poursuites, je crois pouvoir vous rassurer et me dispenser de les entreprendre.

L'intérêt de nos adversaires à étouffer un pareil débat est trop grand, pour que jamais ils soient les premiers à le susciter.

Sur ce point donc je ne partage pas vos craintes.

Ce que je reconnais au contraire volontiers avec vous, c'est que, l'enquête demandée au Conseil de Préfecture ayant été refusée par lui, et ne pouvant pas être espérée du Conseil d'État, notre pourvoi devant cette haute juridiction n'a aucune chance de succès, si nous n'obtenons pas cette enquête du Tribunal.

Je reconnais encore que reculer devant la poursuite correction-

nelle, c'est abdiquer à jamais toute participation aux luttes électo-
rales d'Istres. Nous y serions toujours battus par les procédés que
vous savez, alors même que, par impossible en l'état du défaut
d'enquête, nous obtiendrions du Conseil d'État une troisième réfor-
mation forcément aussi impuissante à corriger nos adversaires, que
le furent celles de septembre 1860 et décembre 1861.

Il faut donc opter entre le procès correctionnel à intenter avant
la fin du mois, ou l'abdication, pour un temps que je ne puis préci-
ser, de l'exercice de nos droits électoraux.

Je sais cela, et je ne veux vous inspirer ou seulement vous laisser
à cet égard aucune illusion. Mais, pour ce qui me concerne personnellement, j'aimerais mieux abdiquer que poursuivre.

L'article 35 du décret organique électoral punit les faits dont
s'agit d'un emprisonnement d'un an à cinq ans, et d'une amende
de cinq cents francs à cinq mille francs.

Nos adversaires disent avoir la parole de leur protecteur que
l'emprisonnement ne leur sera, dans aucun cas, appliqué. Si je par-
tageais leur confiance sur ce point, le procès serait depuis longtemps
commencé. Mais je sais mieux que ces Messieurs combien le Tribunal est supérieur et inaccessible à de pareils compromis. Voilà
pourquoi j'ai mis tant de retard à vous répondre. Votre dernière
démarche m'oblige à me prononcer. Je le fais en ces termes :

Si nous renonçons au procès correctionnel, il faut renoncer au
pourvoi devant le Conseil d'État, et à toute lutte électorale ulté-
rieure ;

Nos adversaires ont mérité mille fois d'être poursuivis ;

S'ils connaissaient nos hésitations et les motifs qui nous les ins-
pirent, ils en riraient, refuseraient d'y croire, ne les comprendraient
pas ;

Si nous étions à leur place, et eux à la nôtre, nous serions fort
à plaindre.

C'est bien cela, Messieurs, que vous m'avez dit, n'est-ce pas ? Je
reconnais que c'est vrai. Mais j'ai la prétention de valoir mieux que
nos adversaires. Je n'ai jamais voulu réclamer contre l'un d'eux,
qui d'ailleurs n'a pas fait partie du bureau électoral des 3 et 4 août,
l'application de l'article .... du code pénal punissant ....

. . . . un acte dont la preuve était facile à faire. C'est au plus fort de la lutte, alors que j'avais le plus à me plaindre et à souffrir de lui, que je n'ai pas voulu user de ce droit extrême. Aujourd'hui encore je ne suis pas d'avis d'envoyer personne en prison, pour *un an au moins*, remarquez-le bien. Mais aujourd'hui je ne suis pas seul engagé; je ne puis pas vous refuser absolument mon concours, si vous persistez à le réclamer comme indispensable; je puis seulement vous prier, et je vous prie, de renoncer à ces poursuites, ou de les intenter sans moi.

Si vous faites une de ces deux choses, j'en serai vraiment heureux. Mais si, après tout ce que je viens de vous dire, vous exigez encore que je m'engage, comptez sur moi. Entre la répugnance que j'éprouve à écraser des ennemis, et la douleur que je ressentirais à voir mes amis s'éloigner de moi, et m'accuser de les avoir abandonnés au moment décisif, mon choix est fait.

Je vais donc attendre, Messieurs et amis, que vous me fassiez connaître votre détermination, et je vous prie de recevoir la nouvelle assurance de mes sentiments affectueux.

Signé : J. J. PRAT.

P. S. Mais j'affirme sur l'honneur que ma préférence personnelle serait pour l'abstention.

N° 2.

Istres 15 octobre 1867.

A Monsieur Jean-Jacques Prat.

MONSIEUR :

Votre lettre du 14 courant peut se résumer en deux mots : L'abstention vous serait plutôt préférable que d'être forcé de traduire vos ennemis sur les bancs de la police correctionnelle.

Ces nobles sentiments ont été partagés par nous tous, et croyez,

Monsieur, que nous préférerions oublier les manœuvres frauduleuses et déloyales de nos adversaires, et nous retremper de tous les ennuis d'une lutte locale dans la concorde et la conciliation. Mais il ne nous est pas permis de prendre cette voie, nos adversaires nous la refusent, et nos bons sentiments s'émoussent devant leur mauvais vouloir.

Vous n'ignorez pas, Monsieur, le raisonnement inique que vos ennemis ont tenu après chaque élection, et qui est le dicton actuel. Permettez-nous de le résumer ainsi : « Que la fraude est le talisman « employé par nous pour faire consentir nos amis à livrer une « nouvelle bataille qui amène toujours une nouvelle défaite après « un combat loyal de leur part. » En est-il ainsi? Nous disons non, nos adversaires disent oui; il est donc temps que tous ceux qui connaissent et qui ont à apprécier nos luttes, sachent de quel côté sont les imposteurs. Le Tribunal administratif nous a refusé d'en faire la preuve ; il est regrettable que le Tribunal correctionnel seul ne puisse nous la refuser, et nous la voulons même à ce prix.

Naguère vous disiez à vos amis politiques : « On il faut traduire « ces Messieurs en police correctionnelle, ou quitter ce pays (1). » Il vous est facile, Monsieur, de porter vos pénates ailleurs (2). Mais nous, nous ne le pouvons pas, nous sommes attachés au sol natal par nos liens de parenté et par nos intérêts; il ne nous reste donc que cette dernière ressource, et nous nous voyons contraints d'y avoir recours.

Notre considération et notre tranquillité sont dans ce débat. Devant ces deux mobiles, nous avons le regret de vous donner communication de notre détermination, qui consiste à formuler, avec beaucoup plus d'insistance encore, la prière de porter plainte contre les coupables dans un délai très proche, comme vous en avez témoigné l'intention en votre nom personnel.

Dans cette attente, veuillez agréer, Monsieur, l'assurance de notre considération distinguée.

(Quatorze signatures).

---

(1) J'acceptais la question ainsi posée.
(2) La chose ne m'est pas aussi facile que le croient ceux qui m'écrivent.

J. J. P.

Nº 3.

Istres le 27 octobre 1867.

A Monsieur le Procureur Impérial près le Tribunal
de première instance, à Aix-en-Provence.

MONSIEUR LE PROCUREUR IMPÉRIAL :

La protection d'intérêts dont la légitimité et l'importance seraient faciles à démontrer par des explications que ne comporte pas le cadre de cette lettre me condamne, depuis sept ans déjà, à une lutte électorale dans laquelle je suis toujours battu par l'emploi de moyens que je n'ai pas voulu jusqu'à ce jour vous signaler, ni déférer à l'appréciation du Tribunal correctionnel.

Je me suis contenté de m'adresser à la juridiction administrative.

Une première fois, au mois d'août 1860, cette juridiction, placée entre les énonciations d'un procès-verbal officiel et les nôtres, à mes amis et à moi, a bien voulu ordonner une enquête qui a pleinement confirmé notre dire : l'élection dut être et fut annulée.

Une seconde fois, au mois de décembre 1860, les choses se sont passées exactement de la même manière. Une enquête a été encore ordonnée, qui a prouvé que nous avions raison contre le procès-verbal du Maire d'Istres et de ses assesseurs. L'élection du mois de décembre fut annulée, comme l'avait été celle du mois d'août.

Une troisième fois, au mois de mars 1862, dans des circonstances tout à fait identiques, l'enquête réclamée nous a été refusée. Nous avons été jugés sur les énonciations du procès-verbal officiel, et l'élection a été maintenue.

J'ai eu, à cette époque, le regret, Monsieur le Procureur Impérial, d'avoir pris sur moi de ne pas vous adresser une lettre qui vous avait été écrite par plusieurs de mes amis d'Istres, en même temps que par moi, et qui réclamait de votre justice, pour suppléer l'enquête refusée par le Conseil de Préfecture, une information

dont les résultats nous eussent été bien utiles devant le Conseil
d'État. Cette lettre est du 26 avril 1862. Elle a été imprimée dans
un mémoire adressé au Conseil d'État, et dont je serais heureux
que vous voulussiez bien accepter un exemplaire, Monsieur le Procureur Impérial. En retenant la lettre en question, j'ai reculé
devant la sévérité des peines édictées par l'article 35 du décret
du 2 février 1852, et j'ai sacrifié la cause dont la défense m'avait
été confiée.

Un nouveau scrutin a été ouvert, les 3 et 4 août dernier, dans
le canton d'Istres. A Fos, à Saint-Mitre, à Saint-Chamas, communes
dans lesquelles nous protestons seulement à cause de faits nombreux de violence et d'intimidation, en reconnaissant d'ailleurs
hautement qu'aucune fraude matérielle n'a été commise dans ces
trois communes, le candidat que mes amis et moi soutenions a été
battu de quatre voix seulement, alors qu'il l'a été de 191 dans la
commune d'Istres. Mais à Istres, en même temps que la violence
et l'intimidation ne nous étaient pas épargnées, la fraude était
pratiquée sur une large échelle.

Cette fois encore, Monsieur le Procureur Impérial, je me suis
adressé aux juges administratifs, et j'aurais voulu ne m'adresser
qu'à eux. Le 24 août dernier, devant le Conseil de Préfecture,
j'offrais de renoncer à tout recours correctionnel, si l'enquête que je
sollicitais m'était accordée. Elle m'a été refusée. Je sais que le
Conseil d'État ne l'accorde jamais. Faute d'enquête, mon pourvoi
devant cette haute juridiction ne saurait réussir. Il faut donc abdiquer l'exercice de tout droit électoral, il faut sacrifier des intérêts
que j'ai pour mission de défendre; ou bien il faut m'adresser à vous,
Monsieur le Procureur Impérial, et au Tribunal, et je m'y décide,
afin que, même au cas où, par impossible, votre protection et sa
justice viendraient à me faire défaut, je puisse me rendre et recevoir de tous, ce témoignage que j'ai fait, pour soutenir jusqu'au
bout une lutte inégale, tout ce que la loi permet aux citoyens.

Je viens, en conséquence de ce qui précède, Monsieur le Procureur Impérial, vous déclarer que

MM. TOURNON Joseph,
JOURDAN Joachim,

Estève Théophile,
Teissier Etienne,
David Lucien,
Robert Edouard,

Le premier, Président; le dernier, Secrétaire; les quatre autres, Assesseurs du bureau de l'élection des 3 et 4 août 1867, dans la commune d'Istres; ont introduit dans l'urne un nombre de bulletins bien supérieur à celui des votants, délit prévu et puni par l'article 35 du décret organique électoral du 2 février 1852.

Permettez-moi, à l'appui de cette énonciation, de vous signaler plusieurs électeurs dont les noms sont émargés, quoiqu'ils n'aient pas pris part au vote, ce qui explique comment le nombre des émargements concorde avec celui des bulletins retirés de l'urne.

1° Angerme Maurice, N° 31 de la liste électorale d'Istres — A quitté la commune depuis trois ans, était absent le jour du vote. Sa mère le déclarerait.

2° Angerme Alexandre, N° 33 de la liste — Occupé aux travaux du canal Saint-Louis, absent les 3 et 4 août, rentré seulement le 5.

3° Audin Marius, N° 82 de la liste — Présent dans la commune, mais n'a pas voté.

4. Baron Michel, N° 140 de la liste — Berger, était dans les Alpes avec un troupeau appartenant à MM. Trouchet et Callamand, minotiers à Grans (Bouches-du-Rhône), faciles à consulter.

5° Bedoc Alphonse, N° 143 de la liste — Était malade à l'hospice de Montpellier, dont les écritures en feraient foi. Bedoc Alphonse, présent à Istres, aurait voté contre nous. Mais il me semble impossible qu'il cherche à nier sa présence à Montpellier, à l'hospice, dont j'invoque d'ailleurs les registres avec confiance.

6° Bellon Jacques, N° 154 de la liste — Encore un berger attaché, dans les Alpes, au troupeau de MM. Trouchet et Callamand, de Grans, déjà cités.

7° Bellon Jean, N° 155 de la liste — Présent dans la commune, n'a pas voté.

8° BRUNEL Jacques, N° 262 de la liste — Présent dans la commune, n'a pas voté.

9° CASTELLY Frédéric, N° 285 de la liste — Présent dans la commune, n'a pas voté.

10° CHAUD Prosper, N° 301 de la liste — Présent dans la commune, n'a pas voté.

11° COLOMB Martinez, N° 336 de la liste — Étranger au pays, ancien charretier de l'usine de Rassuen, qu'il a quittée, ainsi que la commune où on ne l'a plus revu depuis lors, le 6 février 1865, ainsi qu'il conste des écritures de l'usine de Rassuen. La carte d'électeur de Martinez m'a été adressée, ainsi que celles des autres électeurs attachés à l'usine; je l'ai conservée.

12° CORNILLE Auguste, N° 341 de la liste — Présent, n'a pas voté.

13° COSTE fils aîné de Trophime, N° 350 de la liste — Était occupé, lors de l'élection, à des charrois entre Cavaillon et Avignon : n'a pas voté.

14° COSTE Jacques, N° 351 de la liste — Un tonnelier qui a quitté Istres, et dont on peut consulter l'ancien patron à Istres, M. Mathieu Aguillon.

15° COSTE Joseph, N° 352 de la liste — Était, au moment de l'élection, malade dans sa famille à Orgon. On pourrait se renseigner à cet égard auprès de son patron, Toche Joseph, entrepreneur de travaux publics à Istres.

16° COUTON Auguste, N° 363 de la liste — Était présent, n'a pas voté.

17° DAVID Louis, N° 378 de la liste — Domestique de M. Dethez, aurait certainement voté contre nous, mais était retenu au Puy-Sainte-Réparade par la maladie du fils de M. Dethez, et n'est arrivé à Istres que plusieurs jours après l'élection.

18° DONNADIEU Apollinaire, N° 397 de la liste — Présent, n'a pas voté.

19° ÉMERIC Eugène, N° 442 de la liste — N'a pas voté, habitait alors la commune, qu'il a quittée aujourd'hui. Il me sera facile d'avoir et d'indiquer son adresse.

20° FERRIÈRE Jean, N° 478 de la liste — Douanier à Marseille depuis le 28 mars 1867.

21° GIET Etienne, N° 525 de la liste — Soldat sous les drapeaux, de la classe de 1864. Absent d'Istres le jour de l'élection.

22° GILOUX Constantin, N° 529 de la liste — Berger, était dans les Alpes avec son troupeau; est rentré à Istres, et peut être consulté.

23° GIROT Antoine, N° 562 de la liste — Était présent, n'a pas voté.

24° GRANIER Jean, ferblantier; 25° GRANIER Pierre, id.; N°˙ de la liste 595 et 596 — Le père et le fils, partis d'Istres longtemps avant l'élection, ainsi que l'attesteraient leurs voisins Michel Sauter, Etienne Aymes dit Boyssin, et Guiot Petit, maçon.

26° LANET Auguste, N° 696 de la liste — Fermier à Entressens, présent dans la commune, n'a pas voté.

27° MILLE Julien, N° 803 de la liste — Jeune soldat venu en permission à Istres, où il est arrivé seulement le 10 août, et d'où il est depuis lors reparti pour rejoindre son régiment, n'a pas pu voter le 3 ni le 4.

28° MIOUSSET Jean, N° 807 de la liste — Présent, n'a pas voté.

29° MISTRAL Jean-Baptiste, N° 809 de la liste — Présent, n'a pas voté.

30° OLLIVE Jacques, N° 833 de la liste — Berger; absent au moment de l'élection. Consulter MM. André Gouin et Gilly, tonnelier, qui habitent à Istres la même maison que lui.

31° PALETTE Paul, tailleur, N° 844 de la liste — Présent, n'a pas voté.

32° PAYAN Sylvestre, N° 862 de la liste — A Entressens; était présent, n'a pas voté.

33° PONCET Martial, N° 876 de la liste — Arrivé trop tard pour voter, comme Arnaud Noël, autre ouvrier de Rassuen, n° 48 de la liste. Seulement Arnaud n'est pas émargé, tandis qu'on a eu le tort d'émarger Poncet.

34° Pons Pierre, N° 880 de la liste — Présent, n'a pas voté.

35° Prouven Vincent, dit Muscat, N° 882 de la liste — Encore un berger de MM. Trouchet et Callamand; était dans les Alpes en compagnie de Michel Baron et de Jacques Bellon, autres électeurs émargés comme Prouven Vincent.

36° Rey Joseph, N° 904 de la liste — Était à Grans au moment de l'élection, le déclarerait sans doute.

37° Reynier Alexandre, N° 908 de la liste — Présent, n'a pas voté.

38° Rhodez Désiré, N° 943 de la liste — Employé des douanes aujourd'hui en retraite, habitant toujours Istres, prenait les eaux à Gréoulx à l'époque de l'élection. M. Rhodez aurait voté contre nous; mais certainement il ne niera pas qu'il n'a pas voté pour cause d'absence.

39° Roman Timothée, dit Matou, N° 948 de la liste — Présent, n'a pas voté.

40° Savoie Louis, N° 972 de la liste — Présent, n'a pas voté.

41° Torrel Lucius, N° 1034 de la liste — Présent, n'a pas voté.

42° Tronc Lazare, N° 1045 de la liste — Présent, n'a pas voté.

43° Cheylan Joseph, N° 309 de la liste — Était malade et n'a pas voté, le déclarerait sans doute.

44° Véran Joseph, N° 1061 de la liste — Était présent et n'a pas voté.

Je me réserve, Monsieur le Procureur Impérial, de vous indiquer un nombre d'émargements frauduleux bien plus considérable. J'ai compté les votants. Leur nombre réel est de 778. On a retiré de l'urne 1001 bulletins. Ce ne sont donc pas 45 bulletins, mais quelque chose comme 223 qui y ont été frauduleusement introduits.

Au surplus, l'article 35 du décret électoral n'indique pas que la fraude doit être poursuivie seulement quand elle dépasse certaines limites. L'énumération qui précède me semble donc suffisante pour vous décider à ouvrir une information, et à interrompre ainsi la prescription qui serait acquise aux coupables dès le 4 novembre prochain, aux termes de l'article 50 du décret organique déjà cité. Je vous serai bien reconnaissant, Monsieur le Procureur Impérial, de venir ainsi à mon aide : car vraiment, abandonné par vous, obligé de faire citer devant le Tribunal 150 ou 200 témoins, j'entreprends une tâche qui n'est pas au-dessus de mon courage, mais qui sera peut-être au-dessus de mes forces et de mes ressources. Et, comme j'ai résolu de tout vous dire aujourd'hui, il faut que vous me permettiez d'ajouter, Monsieur le Procureur Impérial, qu'aucune portion de l'information que je sollicite ne saurait être confiée au juge de paix nouvellement nommé à Istres, qui se trouve personnellement en jeu dans notre protestation, non plus qu'à aucun de ses suppléants, dont l'un, fort honorable d'ailleurs, a été acteur de la lutte en sa qualité de Maire de Saint-Chamas; et dont l'autre, parent du juge de paix, lui tient par trop de liens. Enfin, j'ai le regret de récuser aussi à l'avance les renseignements que pourrait fournir un commissaire de police, dont mes amis et moi nous avons trouvé ardente et exagérée l'intervention dans la lutte du 4 août.

Pour apprécier les faits avec une impartialité suffisante, l'intervention d'un magistrat étranger au pays me semble indispensable. Je me ferai un devoir de désigner à ce magistrat des témoins qui ont vu le président du bureau électoral du 4 août introduire dans l'urne des bulletins autres que ceux présentés par les électeurs.

Je vous prie, Monsieur le Procureur Impérial, de vouloir bien me donner un reçu de ma plainte, et d'agréer l'assurance de mes sentiments les plus distingués et les plus respectueux.

Signé : J. J. PRAT,

électeur à Istres.

No 4.

L'an mil huit-cent soixante-sept et le deux novembre,

Au requis du sieur Jean-Jacques Prat, ingénieur civil, domicilié à Istres, électeur inscrit dans la commune d'Istres, faisant élection de domicile à Aix, chez Mᵉ Heiricis, avoué, rue des Epinaux nᵒ 9,

Nous, Jean-Jacques Roman, huissier exerçant près le Tribunal de première instance séant à Aix, y domicilié et demeurant rue Lacépède 22;

Attendu que, les 3 et 4 août 1867, les électeurs de la commune d'Istres étaient convoqués pour l'élection d'un membre du Conseil général;

Attendu que le bureau électoral était composé de MM. Joseph Tournon, médecin, présidant le bureau; Théophile Estève, propriétaire; Etienne Isidore Teissier, négociant; Joachim Jourdan, négociant; David Lucien, propriétaire: ces quatre derniers, assesseurs; et Édouard Robert, secrétaire de la commune et du bureau électoral;

Attendu que les six personnes ci-dessus désignées se sont rendues coupables du délit prévu par l'article 35 du décret organique électoral du 2 février 1852, notamment en ajoutant dans l'urne un grand nombre de bulletins de vote;

Attendu qu'il importe au réquérant d'obtenir, dans l'intérêt public et dans son intérêt personnel, la répression de pareils faits; avons cité les dits sieurs Joseph Tournon, Théophile Estève, Etienne Isidore Teissier, Joachim Jourdan, Lucien David et Edouard Robert à comparaître le trois décembre prochain, jour de mardi, à une heure de relevée par-devant le Tribunal correctionnel séant à Aix, au Palais de Justice, aux fins de venir s'entendre déclarer atteints et convaincus de s'être rendus coupables à Istres, les trois et quatre août mil huit cent soixante-sept, du délit prévu par l'article 35 du décret organique sur les élections, du 2 février 1852, notamment en ajoutant, étant membres du bureau, un grand nombre de bulletins dans l'urne, et en réparation s'entendre condamner solidairement à un franc de dommages-intérêts avec dépens.

N° 5.

SECTION
DE LÉGISLATION ,
JUSTICE
et affaires étrangères.

Paris le 18 décembre 1867.

Le secrétaire de la section de législation, justice et affaires étrangères, a l'honneur d'informer M. Gigot que la demande de poursuite du sieur Prat contre le sieur Tournon, Maire d'Istres, a été enregistrée sous le numéro 85,727.

M. Bavoux, rapporteur.

Signé : BELLOT.

769	820	874	925	976	1032
770	821	875	926	977	1033
771	823	876	927	978	1034
773	824	877	928	979	1035
774	825	878	929	980	1036
775	826	880	930	981	1037
776	828	881	931	982	1038
777	829	882	933	983	1039
778	830	883	934	984	1040
779	831	884	935	985	1041
780	832	885	936	986	1042
781	833	886	937	987	1043
782	834	887	938	988	1044
783	835	888	939	989	1045
784	836	889	940	990	1046
786	838	890	944	991	1047
787	840	891	942	993	1048
788	841	892	943	994	1049
790	842	893	944	995	1050
791	843	894	945	996	1051
792	844	895	946	997	1052
793	845	897	947	999	1053
794	846	898	948	1000	1054
795	847	899	949	1001	1055
796	848	900	950	1002	1056
797	850	901	951	1003	1057
798	851	902	953	1004	1058
799	852	903	954	1005	1059
800	853				

3me CATÉGORIE

Nos d'inscription de 1001 électeurs émargés.

1re Catégorie — Nos d'inscription de 10 électeurs décédés.	2me Catégorie — Nos d'inscription de 66 électeurs non émargés.																					
493	18	839	1	50	404	454	204	254	305	356	409	459	507	553	614	666	747	769	820	874	935	976	1032
213	74	849	2	52	402	455	205	256	306	337	410	460	508	557	613	667	718	770	821	875	926	977	1033
233	93	870	3	53	403	456	206	257	307	358	411	461	509	538	613	668	719	771	823	876	927	978	1034
361	131	879	4	54	404	457	207	258	308	359	412	462	510	539	614	669	720	773	824	877	928	979	1035
395	138	932	5	55	405	458	208	259	309	360	413	463	511	560	615	671	721	774	825	878	929	980	1036
601	139	932	6	56	406	459	209	260	310	362	414	464	512	561	616	673	722	775	826	880	930	981	1037
779	141	938	7	57	407	460	210	261	311	363	415	465	513	563	617	673	723	776	828	881	931	983	1038
896	492	992	8	58	408	461	211	262	312	364	416	466	514	564	618	674	734	777	829	882	933	983	1039
907	935	998	9	59	409	462	212	263	313	365	417	467	515	565	619	675	735	778	830	883	934	984	1040
1031	986	1009	10	60	410	463	213	264	314	366	418	468	516	566	621	676	727	779	831	884	935	985	1041
	990	1011	11	61	411	464	214	265	315	367	419	469	517	567	622	677	728	780	832	885	936	986	1042
	337	1018	12	62	412	465	215	266	316	368	420	470	518	568	623	678	729	781	833	886	937	987	1043
	338	1022	13	63	413	466	216	267	317	369	421	471	519	569	624	679	730	782	834	887	938	988	1044
	340	1030	14	64	414	467	217	268	318	370	422	472	520	570	625	680	731	783	835	888	939	989	1045
	382	1063	15	65	415	468	218	269	319	371	423	473	521	571	627	681	733	784	836	889	940	990	1046
	384	1064	16	66	416	469	219	270	320	372	424	474	522	572	628	682	734	786	838	890	941	991	1047
	404	1066	17	67	417	470	220	271	321	373	425	475	523	573	629	683	735	787	810	891	942	993	1048
	432	1067	18	68	418	471	221	272	322	374	426	476	524	574	630	684	736	788	841	892	943	994	1049
	438		19	69	419	172	222	273	323	375	427	477	525	575	631	685	738	790	842	893	944	995	1050
	556		20	70	420	173	223	273	324	376	428	478	526	576	633	686	739	791	843	894	945	997	1051
	563		21	71	422	174	224	274	325	377	429	479	527	577	634	687	740	793	844	895	946	999	1052
	583		22	72	423	175	225	275	326	378	430	480	528	578	636	688	741	793	846	897	947	1000	1053
	589		23	73	424	176	226	276	327	379	431	481	529	579	637	689	742	793	847	898	948	1001	1054
	592		24	74	425	177	227	277	328	380	433	482	530	580	638	690	743	794	848	899	919	1003	1055
	602		25	75	426	178	228	278	329	381	434	483	531	581	639	691	744	796	849	900	950	1003	1056
	610		26	76	427	179	229	279	330	383	435	484	532	583	640	692	745	797	851	901	951	1004	1057
	630		27	77	428	180	230	281	332	385	436	485	533	584	641	693	746	798	852	902	953	1005	1058
	632		28	78	429	181	231	282	333	386	437	486	534	585	643	694	717	799	853	903	954	1006	1059
	635		29	79	430	182	233	283	334	387	439	487	535	586	645	695	748	800	854	904	955	1007	1060
	649		30	80	433	183	234	284	335	388	440	488	536	587	645bis	696	749	801	855	905	956	1008	1061
	648		31	81	434	184	235	285	336	389	441	489	537	588	646	698	750	802	856	906	957	1010	1062
	651		32	83	435	185	236	287	338	390	443	490	538	590	647	699	734	803	857	908	959	1011	1065
	670		33	84	436	186	237	288	339	391	444	491	539	591	649	700	733	804	858	909	960	1012	1068
	697		34	85	437	187	238	289	341	392	445	493	540	593	650	701	753	805	859	910	961	1013	1069
	700		35	86	438	188	239	290	342	393	446	494	541	594	652	702	754	806	860	911	962	1013	1070
	709		36	87	440	189	240	291	343	394	447	495	542	595	653	703	755	807	861	912	963	1014	1071
	736		37	88	442	190	241	292	344	395	448	496	543	596	654	704	756	808	863	913	964	1016	1073
	737		38	89	443	191	242	293	345	396	449	497	544	597	655	705	757	809	863	914	965	1017	1073
	760		39	90	444	192	243	294	346	397	450	498	546	598	656	706	758	810	864	915	966	1019	1074
	785		40	91	445	193	244	295	347	398	451	499	547	599	657	707	759	811	865	916	967	1020	1075
	789		41	92	446	194	245	296	348	399	452	500	548	600	658	708	760	812	866	917	968	1021	1076
	832		42	94	447	196	246	297	349	400	453	501	549	603	660	710	761	813	867	918	969	1022	
	837		43	95	448	197	247	298	350	401	454	502	550	604	661	741	763	814	868	920	970	1024	
	837		44	96	449	198	248	299	351	403	455	503	551	605	662	742	764	815	869	921	971	1025	
			45	97	450	199	249	300	352	405	456	504	552	606	663	743	765	816	870	922	972	1026	
			46	98	451	200	250	301	353	406	457	505	553	607	664	714	766	817	871	923	973	1027	
			47	99	452	201	251	302	354	407	458	506	554	608	663	715	767	818	872	923	974	1028	
			48	100	453	202	252	303	355	408				609		716	768	849	873	934	975	1029	
			49			203	253	304	365															

Nota. — Les numéros des deux premières catégories ont été copiés le 20 août 1867 au greffe du Conseil de Préfecture.
Les numéros de la troisième catégorie ont été déterminés par différence.
Les numéros de la troisième catégorie qui, par impossible, feraient défaut, seraient forcément remplacés par un nombre égal de numéros empruntés à la deuxième catégorie.